AF483026

RECHERCHES

SUR LA

GARANCE D'ALSACE

Par E. KOPP.

PREMIÈRE PARTIE.

Traitement de la garance.

A l'occasion d'un travail sur l'état actuel de nos connaissances sur la garance et ses applications, j'ai été frappé par l'incertitude et l'obscurité qui existent dans les données sur les principes colorants de cette belle matière tinctoriale, par les différences fondamentales qui se remarquent dans les mémoires les plus importants ayant trait à la garance, et par les contradictions qu'on observe fréquemment entre les assertions des chimistes théoriciens et les résultats constatés par les industriels et les praticiens.

C'est ainsi, par exemple, que d'après quelques chimistes, et d'après beaucoup de praticiens, il ne faut admettre dans la garance qu'une seule matière colorante principale; d'après d'autres il en existe au moins deux : l'alizarine et la purpurine; d'après d'autres on peut en extraire trois, quatre, cinq et même plus de principes colorants différents.

Pour éclaircir plusieurs de ces points controversés, j'ai été amené à faire quelques expériences, à la suite desquelles j'ai pu constater quelques faits nouveaux qui pourront peut-être paraître assez intéressants.

J'ai commencé par l'examen de la garance d'Alsace, que je pouvais me procurer avec plus de facilité à l'état de pureté, et dont MM. Schaaff et Lauth, négociants à Strasbourg, ont eu l'obligeance de mettre à ma disposition une quantité suffisante de la récolte de 1859, laquelle était réduite en poudre grossière depuis environ six mois.

Je crois devoir faire observer ici qu'en publiant des observations sur les matières tinctoriales, et surtout sur la garance, on devrait toujours ndiquer avec quelle espèce de garance on a opéré, et mentionner en même temps l'âge de cette garance.

Personne n'ignore, en effet, que les différentes espèces de garance présentent des caractères et des propriétés qui les font distinguer, et que dans la même garance il se manifeste avec le temps des changements extrêmement importants.

La garance d'Alsace éprouvant sous l'influence de l'eau, des acides et des alcalis, des altérations très-rapides attribuées à une espèce de fermentation particulière, et désirant, d'un autre côté, éviter l'emploi de l'alcool, de l'esprit de bois et de l'éther, j'ai commencé par essayer l'action de diverses substances, telles que la créosote, le phénol, la benzine, l'acide arsénieux, le sel marin, quelques huiles essentielles auxquelles on attribue la propriété d'empêcher ou d'entraver la fermentation, et j'ai enfin trouvé que l'acide sulfureux liquide remplissait le plus complétement et le plus économiquement mon but. Mes recherches ont donc pour base le traitement de la garance par une solution aqueuse d'acide sulfureux.

Cette solution s'obtient facilement par l'appareil que j'ai décrit dans le temps en parlant de la préparation des hyposulfites. Elle est très-peu dispendieuse, même si on la prépare par la décomposition de l'acide sulfurique au moyen de charbon, parce qu'avec 6 à 8 kilogrammes d'acide on peut saturer suffisamment 10 hectolitres d'eau.

Cette solution renferme 4 à 5 1/2 millièmes d'acide sulfureux. Si l'eau est pure on y ajoute encore environ 1/2 à 1 millième de son volume d'acide chlorhydrique du commerce, qui sert à saturer la petite quantité de carbonate terreux qu'on rencontre même dans la garance d'Alsace.

Si au contraire l'eau est calcaire, il faut augmenter la dose d'acide chlorhydrique proportionnellement au carbonate de chaux que contient l'eau.

Il est bon d'employer la garance à l'état de poudre grossière assez uniforme. Il faut éviter la garance réduite en poudre trop fine qui ralentit les filtrations et expressions, et la garance en morceaux trop volumineux, qui ne s'imprègnent que lentement et s'expriment trop difficilement.

Voici le mode d'opération qui m'a paru le plus avantageux :

I. — *Lavage de la garance à l'eau chargée d'acide sulfureux.*

On délaye la garance dans dix fois son poids de solution sulfureuse; on abandonne le mélange dans des vases en bois bien couverts pendant 12 à 24 heures, pendant lesquelles on remue le tout de temps à autre.

On verse la matière semi-liquide dans un sac en toile, on rince le vase avec un peu d'eau ordinaire, pour introduire le tout dans le sac; on laisse égoutter, puis on exprime graduellement, mais assez fortement. Dans les circonstances indiquées plus haut, cette filtration et cette expression s'opèrent très-rapidement.

Le liquide limpide est recueilli dans une cuve en bois. La matière exprimée, qu'on peut faire sortir du sac avec une extrême facilité, est traitée comme la première fois par 10 fois son poids de solution sulfureuse; la liqueur résultant de la filtration et de l'expression est réunie à la première.

On traite enfin une troisième fois la garance par 10 fois son poids de solution sulfureuse; mais le liquide qui en résulte étant beaucoup plus faible, n'est plus ajouté aux liqueurs précédentes, mais sert à empâter et à extraire une nouvelle portion de garance, déjà traitée une première fois par la solution sulfureuse fraîche, et ainsi de suite.

Pour que les liquides sulfureux ne laissent pas échapper trop facilement leur acide sulfureux, il est bon d'éviter qu'ils ne présentent une large surface à l'air libre environnant, et, pour cette raison, les liqueurs qui doivent servir une seconde fois doivent être recueillies dans des cuves fermées par des couvercles.

La garance épuisée par l'eau sulfureuse, qu'il faut employer froide ou tout au plus tiède, est maintenant versée dans une cuve à double fond, dont le supérieur est percé d'un grand nombre d'ouvertures et recouvert d'une toile grossière en laine. On l'y épuise d'abord par de l'eau chaude, et finalement par de l'eau bouillante. Tant que les liqueurs résultant de ce lavage sont encore colorées en jaune d'or assez intense, on les recueille à part. Lorsqu'elles paraissent trop faibles, on les fait couler sur une nouvelle partie de garance déjà épuisée par l'acide sulfureux; en un mot, on pratique un lavage méthodique.

Le résidu de garance épuisé par l'eau bouillante est enfin exprimé ; en le faisant sécher, il constitue une fleur de garance faible, mais qui teint encore facilement et avec une grande pureté de nuance, en laissant les fonds parfaitement blancs ; on peut aussi le laisser humide et le convertir en garancine faible en le faisant bouillir avec les eaux mères d'alizarine verte, comme nous le montrerons plus loin.

Il est à remarquer que pendant tout le cours de ces opérations la matière colorante utile de la garance, qui peut y rester encore, n'est nullement altérée et rendue impropre à la teinture ; on peut arrêter les opérations à un moment quelconque, et le résidu fortement séché reste parfaitement applicable à la teinture, après qu'on y a ajouté une très-petite quantité de craie, proportionnelle à la minime portion d'acide sulfureux (ou sulfurique, provenant de l'oxydation de l'acide sulfureux à l'air) et d'acide chlorhydrique qu'on aurait pu y laisser. C'est peut-être là un des plus notables avantages de ce mode de traitement de la garance, qui lui assure une supériorité très-sensible sur les procédés d'extraction des matières colorantes basés sur l'emploi des alcalis, des acides énergiques, de l'alun, de l'alcool et de l'esprit de bois. Les premiers modifient profondément la constitution de la garance et exigent un lavage prolongé pour les éliminer de nouveau, ce qui n'est même pas possible pour l'alun ; les derniers sont trop coûteux pour qu'il soit permis de dessécher simplement la garance en partie épuisée, soit à l'air libre, soit à l'étuve, et de perdre ainsi la portion du liquide extracteur dont elle restait imprégnée.

Revenons maintenant à la solution sulfureuse provenant de la filtration et de l'expression de la garance. Elle possède les propriétés suivantes :

La couleur est d'un jaune orangé vif, avec une teinte brunâtre, si les liqueurs sont très-concentrées.

La saveur est légèrement aigrelette, avec un arrière-goût à la fois douceâtre et amer, rappelant celui de la garance. Il en est de même de son odeur, qui, à côté de l'acide sulfureux, rappelle l'odeur caractéristique de la racine de garance.

En vases clos, la solution se conserve très-longtemps sans altération ; quelquefois il s'y forme un léger dépôt brunâtre ; en faisant usage d'une eau sulfureuse renfermant un peu trop d'acide chlorhydrique, on obtient quelquefois, au bout de 5 à 8 jours, un dépôt de purpurine semi-cristalline, d'un rouge de vermillon très-vif, et qui, étant très-dense et très-lourde dans cet état, peut être facilement séparée par décantation, filtration et lavage.

La liqueur abandonnée au contact de l'air perd son odeur sulfureuse, brunit et se trouble au bout d'un certain temps; il se forme un dépôt pulvérulent gris noirâtre, et le liquide surnageant se décolore : dans cet état il se forme facilement des moisissures. Par l'addition d'ammoniaque, au lieu d'obtenir une belle couleur rouge violacée, on n'obtient plus, soit avec la liqueur, soit avec le précipité, qu'une coloration sale et terne.

La liqueur étant évaporée dans une capsule, au bain-marie, se couvre bientôt à la surface d'une matière noirâtre peu soluble, qui se rassemble facilement sur les bords : en évaporant le plus possible, on obtient finalement une masse poisseuse brun rougeâtre, d'une saveur douceâtre et amère comme celle de la garance, et qui par le refroidissement devient solide et d'apparence résineuse.

Cette masse, ayant été redissoute dans l'eau bouillante, fournit une liqueur trouble. En filtrant, il reste sur le filtre un précipité brun noirâtre, qui ne donne avec l'ammoniaque liquide qu'une légère teinte violacée sale et qui ne teint que fort incomplétement une toile mordancée.

La liqueur filtrée est d'un jaune brunâtre foncé; elle aussi ne teint que très-insuffisamment une toile mordancée en mordants rouge, puce, violet et noir.

En faisant bouillir la liqueur sulfureuse dans une fiole fermée par un bouchon auquel est ajusté un tube en verre un peu effilé, pour éviter l'influence de l'air atmosphérique, elle laisse déposer un précipité jaune brun, tandis que le liquide reste coloré en jaune orange : ce liquide ne teint presque pas la toile mordancée. Le précipité se dissout dans l'ammoniaque avec une couleur violacée rougeâtre, comme le ferait un mélange de purpurine et d'alizarine très-impures. Desséché et calciné ensuite dans un tube d'essai, il fournit un sublimé un peu jaunâtre qui, avec l'ammoniaque, donne une liqueur semblable à une solution de purpurine impure très-faible. A la teinture le précipité donne des résultats assez peu satisfaisants.

La liqueur sulfureuse offre, avec les réactifs, les réactions suivantes : Avec solution de potasse ou de soude caustiques et d'ammoniaque : pas de précipité, coloration en rouge violacé avec une nuance un peu jaunâtre. En employant une solution d'alcali caustique fixe assez concentrée et ajoutée en excès, la coloration de la liqueur est la même; mais en faisant bouillir, il se forme un précipité floconneux. La liqueur reste colorée en rouge jaunâtre violacé; en étendant d'eau une partie du précipité se redissout.

Avec acide hydrochlorique : rien immédiatement ; au bout d'un certain temps, précipité floconneux jaune rougeâtre ou brunâtre de purpurine.

Avec acide nitrique : rien immédiatement ; à la longue, précipité floconneux orange ; la liqueur reste jaune orange.

Avec acide oxalique : rien immédiatement ; peu à peu précipité floconneux jaune pâle, renfermant un peu d'oxalate de chaux ; liquide jaune orangé.

Avec chlorures de calcium, de sodium, de potassium et la plupart des sels neutres alcalins ou terreux : pas de précipité.

Avec carbonate de soude : pas de précipité, coloration pourpre.

Avec eau de chaux : précipité immédiat en brun cramoisi ; la liqueur est colorée en rouge violacé ; en chauffant la liqueur filtrée, il s'y produit un nouveau précipité rouge rose.

Avec alun : rien immédiatement ; peu à peu précipité rouge vermillon, d'une nuance riche et vive ; les eaux mères sont jaunes rougeâtre ; en ajoutant plus de la solution d'alun et ensuite du carbonate de soude ou de l'eau de chaux, on obtient un précipité rouge rose qui, desséché, est d'un rose assez beau et assez pur, surtout sous l'influence de la chaux.

Avec acétate, hyposulfite, hydrochlorate d'alumine : réaction semblable ; la précipitation de la laque rouge aluminique peut avoir lieu plus ou moins rapidement ; elle est favorisée par le concours de la chaleur ; la nuance dépend beaucoup des proportions employées et de la concentration des liqueurs.

Avec chlorure de chaux ou hypochlorite de chaux : décoloration, liqueur jaune, léger précipité floconneux. Ayant ajouté à une assez grande quantité de liqueur une solution de chlorure de chaux, jusqu'à ce que le liquide ne présentât plus qu'une coloration jaune pâle, l'addition d'ammoniaque y produisit une coloration intense rouge orangé, avec formation de précipité coloré.

Avec sulfate ferreux neutre : précipité brun foncé ; le liquide prend également une teinte foncée.

Avec chlorure ferrique : pas de précipité immédiat ; la liqueur prend une nuance jaune brun foncé ; à la longue, il se produit un précipité brun noirâtre.

Avec chlorure stannique : précipité jaune orange.

Avec acétate de plomb non en excès : précipité chamois ; la liqueur reste colorée en jaune rougeâtre ; en ajoutant au liquide décanté une nouvelle quantité de réactif, il se forme un précipité jaune rosé ; les eaux mères ne sont plus colorées qu'en jaune assez pâle; l'addition d'ammoniaque y détermine un précipité d'un assez beau rose.

Avec chlorure mercurique : précipité couleur de chair; liqueur jaune. Si l'on ajoute préalablement un peu d'acide chlorhydrique à la solution de sublimé corrosif, le précipité ne se forme pas immédiatement; mais à la longue il se dépose un précipité rouge orangé. Par l'addition d'eau bouillante, la majeure partie du précipité se redissout.

Mais la réaction la plus intéressante et la plus importante est celle qu'on utilise pour la préparation de la purpurine et de l'alizarine.

II. — *Préparation de la purpurine et de l'alizarine verte.*

Lorsqu'on ajoute de 3 à 5 % d'acide sulfurique ou d'acide chlorhydrique à la solution sulfureuse, on n'aperçoit rien au premier instant; au bout d'un certain temps, on voit apparaître une matière floconneuse plus ou moins orangée, dont la quantité augmente peu à peu. La précipitation de ces flocons se fait le plus facilement en chauffant le liquide à 50°—60° centigrades. Mais il ne faut pas dépasser cette température, puisqu'en chauffant davantage la liqueur jaune orange prend une teinte de plus en plus foncée et cette coloration se communique aux flocons, qui acquièrent par là une nuance brune de plus en plus terne et noirâtre.

En ne dépassant pas 60° centigrades, la précipitation des flocons est complète en 20 à 30 minutes. Quelquefois les flocons se contractent, deviennent lourds et grenus et se déposent facilement sous forme d'une matière plus ou moins pulvérulente, et d'une nuance rouge d'autant plus belle que le précipité est devenu plus dense. On peut alors décanter avec une grande facilité des eaux mères parfaitement claires et limpides. — Mais très-souvent le précipité reste floconneux et se dépose avec une assez grande lenteur et d'une manière incomplète. Il faut alors filtrer. Le précipité recueilli, soit par décantation, soit par filtration, est lavé avec un peu d'eau froide, jusqu'à ce que celle-ci s'écoule avec une couleur jaune pâle ou légèrement rosée très-pure et ne soit plus acide. En se desséchant, le précipité se détache avec la plus grande facilité du filtre, soit à l'état de poudre, soit en écailles ou plaques plus ou moins larges, et constitue alors la *purpurine* presque chimiquement pure.

La purpurine ainsi obtenue se dissout avec la plus grande facilité dans l'ammoniaque, qu'elle colore en rouge carminé un peu jaunâtre d'une nuance des plus riches et des plus pures, et qu'on peut presque comparer à celle des rouges d'aniline. Les eaux mères de la purpurine sont colorées en orange brunâtre et peuvent être conservées indéfiniment en vases clos. Mais lorsqu'on les porte à l'ébullition, il se passe un phénomène très-remarquable. Il se dégage de l'acide carbonique, et en même temps il se précipite en assez grande abondance une matière pulvérulente verte noirâtre, qui n'est autre chose que de l'alizarine colorée par une substance colorante résineuse d'un noir verdâtre très-foncé, et qui est le résultat de l'altération de la chlorogénine sous l'influence des acides.

Il faut entretenir l'ébullition pendant environ 1 à 2 heures pour être certain de la formation et de la précipitation de toute l'*alizarine verte*.

Très-probablement il se dépose en même temps une petite quantité d'ulmine ou d'acide ulmique, provenant de l'action de l'acide sulfurique ou chlorhydrique sur le sucre de la garance.

L'alizarine verte se dépose au bout de 24 à 36 heures d'une manière complète; seulement, comme elle est en poudre très-fine, elle reste facilement attachée aux parois des vases. Pour l'en détacher et la faire tomber au fond, il est utile de faire vibrer ou d'ébranler les parois en les frappant légèrement.

On décante les eaux limpides et on recueille l'alizarine verte sur des filtres en papier ou en toile serrée, après l'avoir lavée à deux ou trois reprises par décantation avec de l'eau froide. Les eaux mères de l'alizarine verte sont colorées en brun jaunâtre foncé; si l'ébullition a été assez vive et assez longtemps soutenue, ces eaux mères ne renferment plus de matière colorante utilisable pour la teinture, excepté la minime quantité d'alizarine qu'une eau légèrement acidulée peut tenir en solution, et dont même la majeure partie se dépose encore au bout de quelques jours. — On remarque que cette portion déposée à la longue est beaucoup plus jaune et plus pure que l'alizarine verte. Le même phénomène se produit d'ailleurs dans la préparation de la garancine ordinaire.

Nous avons vu plus haut que 3 à 4 $^0/_0$ d'acide hydrochlorique (et même 2 $^0/_0$ seulement d'acide sulfurique) suffisent pour opérer la précipitation de la purpurine et de l'alizarine verte. On devrait croire, d'après cela, qu'un grand excès d'acide chlorhydrique pourrait favoriser davantage cette précipitation.

Il n'en est point ainsi : car si à 1 volume de solution sulfureuse de garance on ajoute brusquement 2 à 3 volumes d'acide chlorhydrique concentré, il ne se forme point de précipité, mais le mélange prend une couleur de plus en plus foncée; si alors on étend ce mélange de beaucoup de solution sulfureuse, il se forme immédiatement un précipité abondant.

Déjà avec 1 $^1/_2$ pour cent d'acide hydrochlorique on obtient la séparation d'une purpurine de belle apparence rouge; mais si après filtration on ajoute aux eaux mères de nouveau 1 $^1/_2$ pour cent d'acide chlorhydrique, on obtient de nouveau une précipitation de purpurine à la vérité peu abondante en chauffant encore à 50° centigrades.

Il s'ensuit qu'il faut ajouter au moins 3 $^0/_0$ d'acide du volume de liqueur sulfureuse, en acide chlorhydrique, pour être certain de la précipitation complète de la purpurine et de l'alizarine verte, mais 1 $^1/_2$ à 2 $^0/_0$ d'acide sulfurique suffisent pour atteindre le même but; il est cependant avantageux d'employer plutôt à 1 $^1/_2$ pour cent d'acide en excès.

Si la garance contient tant soit peu de carbonate de chaux, il faut donner la préférence à l'acide chlorhydrique, qu'il est bon de choisir le moins chargé de fer possible. Avec l'acide sulfurique on obtient facilement, dans ces circonstances, une purpurine et surtout une alizarine verte renfermant une petite quantité de sulfate de chaux en lamelles cristallines.

Il en résulte que dans le traitement de la garance d'Avignon par ce procédé il faut employer exclusivement l'acide chlorhydrique, à cause de la grande proportion de carbonate de chaux renfermée dans cette espèce de garance.

L'alizarine verte, traitée par l'alcool ou l'esprit de bois, s'y dissout en partie en donnant des solutions colorées en jaune brunâtre très-foncé. En décantant le liquide limpide et en l'évaporant, ou mieux en le distillant, on obtient pour résidu une alizarine jaune-brun passablement pure et qui teint avec une grande facilité. La teinture avec l'alizarine verte, bien lavée pour la débarrasser d'acide, est des plus faciles et n'exige aucune précaution. Des bains non épuisés teignent très-bien de nouvelles toiles mordancées jusqu'à épuisement complet de la matière colorante.

Les nuances sont très-nourries et très-vives; les fonds blancs ne se salissent guère et les couleurs résistent parfaitement aux opérations de savonnage et d'avivage.

Les teintes étant dès l'origine déjà assez pures, il suffit ordinairement d'un seul passage en savon pour obtenir un blanc parfait et des couleurs suffisamment avivées.

Une petite addition de craie (1 à 2/10 du poids de l'alizarine verte) est souvent avantageuse, d'abord pour donner plus de solidité aux couleurs, et ensuite pour combattre dans le bain de teinture l'influence de la petite quantité d'acide que l'alizarine verte aurait encore pu renfermer. L'emploi des alcalis ou carbonates alcalins pour séparer l'alizarine jaune pure de la matière résineuse vert noirâtre qui l'accompagne dans l'alizarine verte, n'a point fourni de résultats avantageux ; il en est de même de l'emploi des sels alcalins, tels que borax, phosphate de soude, etc. L'alizarine verte s'y émulsionne pour ainsi dire, et il est très-difficile d'obtenir des liqueurs filtrées claires.

Une certaine quantité d'alizarine verte fut épuisée de matière colorante, en formant avec de l'eau pure un bain de teinture et en y teignant des morceaux de toile mordancée tant qu'ils se coloraient encore. Le résidu, insoluble dans le bain, ayant été recueilli sur un filtre et lavé, constituait après dessiccation une poudre noire légère, d'apparence résineuse, surtout en la chauffant fortement.

On y observe quelquefois des cristaux brillants de sulfate de chaux, lorsque la précipitation de l'alizarine verte a été opérée par l'acide sulfurique.

Si l'on veut préparer des laques d'alizarine et de purpurine, il est beaucoup plus simple et plus avantageux d'employer directement la solution sulfureuse résultant des premiers traitements de la garance par l'eau chargée d'acide sulfureux.

En ajoutant à une pareille solution successivement de petites quantités d'acétate ou d'hyposulfite d'alumine ou d'alun, qu'on sature par du carbonate de soude, mais en ayant soin que le bain conserve toujours une réaction acide, on obtient, surtout à chaud, des précipitations successives de laques aluminiques présentant les caractères suivants :

1re laque. — Rouge foncé et nuance vive et riche.

2e laque. — Rouge clair, nuance très-satisfaisante.

3e laque. — Rose encore assez pur.

4e laque. — Rose un peu jaunâtre.

Les dernières eaux mères, fortement concentrées, sont d'un jaune foncé ; une toile en laine s'y teint non en rouge, mais en jaune un peu fauve. Il en résulte qu'après précipitation de la purpurine et de l'alizarine à l'état de laques rouges et roses, il reste enfin dans la liqueur la matière colorante jaune ou fauve de la garance.

Une autre expérience semblable, mais faite dans des conditions un peu différentes, a donné lieu aux observations suivantes :

Des solutions sulfureuses de garance furent additionnées de solutions, soit de mordant ordinaire d'alumine (acétate et sous-sulfate alu-miniques), soit d'hyposulfite d'alumine, soit d'alun neutralisé. En chauffant ces mélanges pendant quelque temps au bain-marie on ob-tint de très-belles laques rouges. Elles furent recueillies sur des filtres et lavées.

Les eaux mères ayant été réunies, on y ajoute un lait de chaux non en excès, de manière à ne pas rendre la liqueur alcaline. Il se forme à froid un précipité rouge-brun abondant, lequel, recueilli, lavé et traité à froid par l'acide chlorhydrique, se convertit en un dépôt flo-conneux brun jaunâtre, très-riche en alizarine.

En filtrant et en saturant la liqueur acide par un excès de chaux, il se forma un nouveau dépôt rougeâtre très-abondant, tandis que la li-queur devint tout à fait incolore. Ce dépôt rouge-brun renfermait éga-lement de l'alizarine et de la purpurine.

Ce fait démontre qu'en faisant réagir l'acide chlorhydrique à froid sur le premier précipité calcaire, on ne rend pas insolubles toutes les matières colorantes rouges; en effet, en faisant bouillir la liqueur acide filtrée et séparée du premier dépôt brun jaunâtre, il se forme immé-diatement un nouveau précipité très-abondant, lequel, filtré et lavé, fut reconnu pour renfermer beaucoup d'alizarine et de purpurine.

Les eaux mères du premier dépôt obtenu par l'addition du lait de chaux non en excès étant sursaturées et rendues alcalines par un excès de chaux hydratée, donnèrent à froid un nouveau précipité très-floconneux, se déposant assez difficilement, et d'une couleur jaune un peu orange. — En chauffant le tout à l'ébullition, le précipité se con-tracte et se dépose plus facilement; les eaux mères n'étant plus colorées qu'en jaune très-pâle furent jetées.

Le précipité recueilli, lavé et bien égoutté, fut traité à froid par l'a-cide hydrochlorique.

Le mélange s'échauffe légèrement par suite de la combinaison de l'acide avec la chaux de la laque calcaire, et il en résulte une liqueur d'un jaune brun très-foncé, presque tout étant entré en dissolution. Mais en faisant bouillir, la liqueur se décolore tout d'un coup, en même temps qu'il se forme un précipité jaune brun abondant. Après le refroidissement la liqueur fut filtrée; elle était jaune, et en la sursa-turant de nouveau par la chaux, elle ne fournit plus qu'un précipité pectineux presque incolore et présentant une nuance rose brunâtre.

Le précipité jaune brun abondant lavé à l'eau froide, était après dessiccation d'un jaune un peu brunâtre; il donnait avec l'ammoniaque une solution rouge cramoisi terne; en le chauffant fortement il fournit un sublimé jaune orange, qui dans l'ammoniaque se dissolvait avec une couleur rouge. Ce même précipité, essayé à la teinture, ne colora une toile mordancée que d'une manière presque imperceptible.

Le bain de teinture était fortement coloré en fauve foncé. Il s'ensuit que ce précipité renferme une trace d'alizarine, mais qu'il est constitué en majeure partie par une matière colorante jaune fauve.

Il semble résulter de cette observation qu'il y a dans la garance des matières formant avec la chaux des précipités gélatineux colorés et qui, par l'ébullition avec un acide énergique, se décomposent en matière colorante et en substance pectineuse incolore.

La solution sulfureuse et les solutions aqueuses provenant du lavage de la garance par l'eau bouillante peuvent être utilisées directement pour la teinture des laines.

Nous avons obtenu dans ces circonstances des teintures d'un rouge si vif et si pur, qu'il était presque comparable au rouge de cochenille.

La présence de l'acide sulfureux dans ce cas, loin d'être un obstacle, est au contraire une condition favorable. Il ne faut d'ailleurs pas perdre de vue que l'acide sulfureux bouillant ne dissout pas l'alumine, tandis qu'il réagit assez énergiquement sur les oxydes de fer.

III. — *Propriétés de la purpurine et de l'alizarine verte.*

Nous n'insisterons pas sur les propriétés de la purpurine, qui sont suffisamment connues. La purpurine se présente sous forme de poudre, de fragments ou de plaques d'un rouge plus ou moins foncé et brunâtre.

En broyant, la nuance devient plus claire et plus vive.

La purpurine sèche, chauffée fortement dans un tube ou dans un creuset en porcelaine (dont il ne faut échauffer que le fond), donne un sublimé en petits grains un peu cristallins d'un rouge assez vif qui, avec l'ammoniaque, produisent une solution rouge.

La purpurine teint les mordants assez facilement ; les nuances sont de prime abord passablement vives, surtout les rouges et roses, et même il semble (d'après quelques expériences de M. Camille Koechlin) que la purpurine montre une affinité particulière pour les mordants de chrome, qu'elle sature facilement.

Au savonnage, les teintures en purpurine, tout en s'avivant, s'affaiblissent et perdent en intensité bien plus que ne le font les nuances obtenues avec l'alizarine.

La purpurine se dissout en jaune orangé dans l'alcool, en rouge carmin dans les alcalis caustiques, l'ammoniaque, les carbonates alcalins et en général dans les solutions salines à réaction alcaline qui dissolvent les matières colorantes de la garance.

Elle paraît avoir moins d'affinité pour les bases terreuses que l'alizarine. Une solution ammoniacale de purpurine, quoique précipitée par l'eau de chaux, n'est point complétement décolorée. La liqueur surnageante conserve encore quelque temps une légère teinte rosée.

En faisant bouillir la purpurine avec l'acétate d'alumine, l'hyposulfite d'alumine, l'alun saturé, on obtient assez facilement des laques rouges ou roses.

Une toile récemment mordancée en alumine prend, à la teinture en purpurine, même sans savonnage subséquent, une coloration rouge suffisamment vive et intense. On peut également préparer des laques de purpurine en dissolvant celle-ci dans l'ammoniaque et précipitant avec cette solution, qu'il est bon d'employer bien saturée de matière colorante, des solutions pas trop concentrées d'alun, d'acétate d'alumine et d'autres sels métalliques.

Les laques ainsi préparées sont plus gélatineuses et plus transparentes que les premières ; celles d'alumine ont également une teinte assez nourrie, mais virent un peu au cramoisi avec une nuance brunâtre.

Il est probable que la purpurine, qu'il est si facile d'obtenir très-pure et qui est assez soluble dans l'eau bouillante pure, se prêtera le plus facilement à la préparation de couleurs vapeurs. Sa solubilité dans l'alun, dans l'hydrochlorate et l'acétate d'alumine pourra peut-être trouver d'utiles applications.

L'alizarine verte renferme une grande quantité d'alizarine jaune et pure, qu'on en extrait facilement, quoique avec perte d'une notable quantité de matière colorante, en la soumettant à la sublimation.

On place au fond d'une capsule en porcelaine assez grande une couche mince d'alizarine verte qu'on y comprime avec un corps lisse quelconque pour la rapprocher des parois, et on recouvre la capsule d'une feuille de papier. On chauffe ensuite graduellement, mais cependant pas avec trop de lenteur, toute la partie de la capsule recouverte d'alizarine verte, et on y maintient une température assez élevée pendant environ cinq minutes ; on retrouve alors très-souvent, après complet refroidissement et après avoir enlevé le papier, une abondante et belle cristallisation d'alizarine jaune en longues aiguilles brillantes, dont une partie est quelquefois adhérente à la face inférieure du papier.

L'alizarine ainsi sublimée se dissout dans l'ammoniaque et dans les alcalis en général avec une magnifique couleur violette pure, ne présentant pas de reflets rouges jaunâtres (1).

Nous pensons qu'aucune autre méthode ne permet si facilement de constater qu'on peut obtenir, non-seulement de la même garance, mais encore de la même solution, deux matières colorantes très-distinctes, quoique fournissant avec les mordants des nuances analogues, qui cependant présentent des différences sensibles.

IV. — *Eaux mères de l'alizarine verte.*

Les eaux mères dont l'alizarine verte s'est déposée peuvent être utilisées de diverses manières. On peut s'en servir pour préparer de la garancine ou du garanceux, à cause de l'acide libre qu'elles contiennent, et dont on peut augmenter la dose au besoin. L'emploi le plus favorable sera probablement la conversion du résidu de garance, épuisé par l'eau bouillante, en une garancine faible. A cet effet on n'a qu'à faire bouillir ce résidu pendant plusieurs heures avec ces eaux mères, laisser refroidir, filtrer et laver jusqu'à ce que tout l'acide soit enlevé.

On opère en un mot comme lorsqu'il s'agit de préparer de la garancine ordinaire. Il en est de même de la préparation du garanceux avec les résidus de garance provenant des manufactures de toiles peintes : au lieu de faire bouillir ces derniers avec de l'eau pure acidulée par l'acide sulfurique, on les traite par les eaux mères de l'alizarine verte. Nous avons fait un assez grand nombre d'expériences pour nous assurer que ces eaux mères ne retiennent plus de matières colorantes utilisables. — Nous en relaterons les principales.

Les eaux mères conservées pendant plusieurs mois dans de grands vases en verre de plusieurs litres de capacité se couvrent de moisissures abondantes, et il se fait sur les parois et au fond un dépôt peu abondant d'une matière pulvérulente noire brunâtre. On décante le liquide clair et on recueille le dépôt sur un filtre. Après lavage et séchage, on reconnaît qu'il est constitué principalement par du sulfate de chaux accompagné d'une matière résineuse qui se colore en brun jaunâtre sale par l'ammoniaque.

Ce dépôt lavé ne teint pas la toile mordancée; du moins la coloration des parties mordancées est presque imperceptible. Ce même dépôt, desséché à 100° et chauffé dans un tube d'essai, fournit une liqueur

(1) Pour les autres propriétés de l'alizarine verte, voir plus haut, p. 9.

empyreumatique, accompagnée d'un léger sublimé jaune rougeâtre, qui avec l'ammoniaque ne donne qu'une coloration violette extrêmement faible.

En saturant les eaux mères obtenues par la précipitation de purpurine et d'alizarine verte au moyen d'acide sulfurique, par de la craie, il se forme un dépôt de sulfate de chaux presque blanc et ne renfermant aucune substance tinctoriale. En ajoutant à la liqueur décantée ou filtrée, qui présente maintenant une coloration fauve assez foncée et une saveur douceâtre, de la levûre de bière, la fermentation s'établit avec une grande facilité et s'achève assez rapidement.

On distille pour recueillir l'alcool, lequel ne présente pas d'une manière aussi forte cette odeur désagréable et particulière qui caractérise les alcools de garance.

Pendant la fermentation il se dépose, outre du ferment et du sulfate de chaux, une petite quantité de matière colorante brune qui, avec l'ammoniaque, prend une légère teinte violacée. En essayant de teindre avec ce dépôt, on n'obtient pas de teinture. Le résidu de la distillation, après avoir été filtré, étant soumis à l'évaporation, fournit bientôt un nouveau dépôt consistant principalement en sulfate de chaux et en ferment, et contenant une matière brune devenant également un peu violacée sous l'influence des alcalis. Des essais de teinture avec cette matière ne donnèrent également aucun résultat.

La liqueur, concentrée de plus en plus, continue à déposer du sulfate de chaux presque incolore, qu'on enlève à plusieurs reprises. Il reste enfin un sirop épais et gommeux, d'une couleur très-foncée, qu'on laisse refroidir.

Au bout de quelques semaines, la matière offre l'aspect d'une masse grenue, molle au toucher, qui nage pour ainsi dire dans le liquide épais. On délaye le tout avec très-peu d'eau froide et on jette sur une toile, où le sirop épais s'écoule avec une grande lenteur. On exprime enfin très-fortement, mais graduellement, la matière solide sur le filtre, en plaçant ce dernier entre plusieurs doubles de papier brouillard.

La matière solide, lavée maintenant avec de l'eau, passe du brun foncé au jaune grisâtre, et le résidu consiste presque entièrement en sulfate de chaux.

Le liquide épais renferme de la gomme, des matières pectineuses, des sels terreux et alcalins, des acides organiques, en un mot des substances sans aucun intérêt au point de vue industriel, et sur lesquelles nous reviendrons dans la deuxième partie de notre travail.

V. *Lavage de la garance à l'eau.* — *Préparation de laque calcaire violacée et d'alizarine jaune.*

Comme nous l'avons déjà indiqué plus haut, la garance, après plusieurs traitements par l'eau sulfureuse, est enfin soumise à des lavages à l'eau chaude et même à l'eau bouillante. Si l'eau est calcaire, il est bon de l'aciduler légèrement par de l'acide sulfureux, auquel on peut aussi substituer l'acide chlorhydrique en en employant une quantité proportionnelle au carbonate de chaux renfermé dans l'eau.

Les liqueurs résultant de ce lavage ont une belle couleur jaune un peu orangé, mais dont la teinte devient successivement plus pâle à mesure que les lavages se prolongent.

Les premières liqueurs, les plus chargées, présentent les réactions suivantes :

Avec acétate d'alumine ou solution de mordant d'alumine : précipité rouge foncé, surtout en faisant bouillir et en n'ajoutant pas trop de sel d'alumine.

Avec alun : précipité rouge peu abondant; l'addition d'eau de chaux détermine la formation d'un nouveau précipité d'une nuance rouge légèrement orange; en chauffant les eaux mères de ce précipité, on obtient un nouveau dépôt de laque rouge-rose d'une assez bonne nuance.

Avec lait de chaux : immédiatement coloration pourpre et formation d'un précipité qui est tantôt rose cramoisi, tantôt rouge violacé, tantôt violet brunâtre, suivant les proportions employées et la pureté des liqueurs; généralement on obtient une laque calcaire violette rougeâtre qui, desséchée, est d'un violet brunâtre.

En faisant bouillir les eaux mères de la laque violette, on obtient presque toujours une nouvelle quantité, à la vérité peu considérable, de laque calcaire violette. Les eaux mères alcalines sont encore colorées en rouge jaunâtre; en y ajoutant de l'alun et en faisant bouillir, il se précipite une laque aluminique qui n'est que faiblement colorée en rose.

En ajoutant à ces mêmes eaux mères de l'acétate de plomb en petite quantité, il se précipite, outre du sulfate de plomb (dont la formation n'a pas toujours lieu, puisque le sulfate peut rester en solution à la faveur de l'excès de chaux), une laque plombique légèrement colorée en rouge ou rose. Cette laque, agitée avec de nouvelles eaux mères, peut devenir assez foncée; elle renferme surtout de la matière colorante jaune.

Les eaux mères de la laque plombique sont tout à fait incolores et ne renferment plus aucune matière colorante. Pour l'étude de ces dernières et pour leur préparation et isolement les unes des autres, il paraît plus avantageux de précipiter les liqueurs jaunes encore chaudes, provenant du lavage de la garance, par un lait de chaux en léger excès, de manière à ce que le liquide présente une réaction alcaline faible, mais distincte. On recueille la laque calcaire rouge-violette sur un filtre, et on précipite ensuite les eaux mères limpides décantées ou filtrées par de l'acétate de plomb, qui détermine la formation d'une laque plombique rouge orangé.

On remarque, si l'on prolonge trop longtemps les lavages à l'eau bouillante, que les liqueurs qui en résultent ne forment plus avec la chaux une laque calcaire rouge-violet foncé, qui se dépose avec une grande facilité; au contraire, le précipité devient de moins en moins coloré, moins dense, et prend par contre un aspect floconneux et une consistance de plus en plus gélatineuse.

Il semble que dans cette circonstance il se dissout en quantité de plus en plus notable une substance pectineuse, substance qui ne se rencontre qu'en très-petite quantité dans les premières liqueurs.

En effet, la laque calcaire gélatineuse, décomposée par l'acide chlorhydrique, fournit un précipité jaune très-gélatineux, renfermant à la fois de l'alizarine et de l'acide pectique. Desséché, il se racornit et fournit à la distillation sèche un abondant sublimé cristallin d'alizarine jaune.

Examinons maintenant les propriétés de la laque calcaire violette et de la laque plombique rouge ou rose. Il est évident qu'on pourrait substituer à la chaux, pour la précipitation de la matière colorante, toute autre base terreuse ou métallique; mais nous avons de préférence employé cette dernière comme étant la moins coûteuse et celle qui se prête le plus facilement aux diverses préparations auxquelles les laques peuvent donner naissance. La laque calcaire rouge violacée, lorsqu'elle est encore humide et bien saturée, présente quelquefois une nuance assez pure et assez foncée; mais généralement elle est terne et brunâtre.

Elle devient presque noire en se desséchant; si elle n'est pas pectineuse, elle se laisse pulvériser avec assez de facilité.

Cette laque, surtout avant la dessiccation et lorsqu'elle a été précipitée à froid, produit facilement des doubles décompositions avec d'autres sels, et très-souvent la matière colorante, prise ainsi à l'état naissant, montre des conditions de solubilité qui se rencontrent ou se

*

produisent bien plus difficilement dans d'autres circonstances. La laque calcaire offre ainsi le moyen d'obtenir des liqueurs assez chargées de matière colorante à l'état soluble.

C'est ainsi, par exemple, qu'en délayant la laque calcaire violette ou l'alizarate de chaux à l'état de pâte humide dans de l'hydrochlorate d'alumine, on remarque qu'elle s'y dissout très-facilement en formant une liqueur d'un rouge souvent très-foncé. Cette préparation, qui est évidemment un mélange de chlorure de calcium, de chlorure d'aluminium et d'alizarate d'alumine, produit sur la toile, suivant sa concentration, des teintes rougeâtres ou roses, qu'on peut obtenir de nuances assez vives et assez pures. Ces couleurs se fixent très-bien par le vaporisage.

La laque calcaire se dissout également dans l'acétate d'alumine, cependant moins bien que dans l'hydrochlorate, et il s'y forme facilement un précipité coloré de laque aluminique. Lorsqu'une fois la précipitation de la laque a commencé, il arrive très-souvent qu'elle continue et que la liqueur ne retient plus qu'une faible quantité de matière colorante en dissolution. En décomposant la laque calcaire par de l'acide chlorhydrique, on obtient de l'alizarine jaune, accompagnée généralement d'une petite quantité de purpurine.

Il faut faire bouillir, pour obtenir une précipitation complète des matières colorantes rouges; on laisse refroidir, on décante ou l'on filtre, et l'alizarine avec la purpurine restent sur les filtres, où on les lave à l'eau froide.

Les eaux mères acides sont encore colorées en jaune foncé. En les saturant à froid par de la craie il s'y forme un précipité brun noirâtre sale d'apparence pectineuse; en se desséchant, ce précipité, recueilli et lavé à plusieurs reprises, se racornit et prend une coloration gris sale. Calciné, il brûle sans répandre l'odeur des matières azotées, sans donner de sublimé jaune ou cristallin, et il laisse par l'incinération une cendre blanche abondante très-riche en chaux et en même temps un peu siliceuse.

En saturant les eaux mères acides à chaud par de la craie, on obtient un précipité brun rougeâtre sale qui renferme une trace d'alizarine, des matières pectineuses et de la matière colorante jaune fauve. Les eaux mères, neutralisées par la précédente addition de craie, lorsqu'on y ajoute un lait de chaux et qu'on fait bouillir, donnent un nouveau dépôt brun foncé, lequel renferme des matières résineuses, mais point d'alizarine.

Les eaux mères de ce dépôt, additionnées d'acide chlorhydrique en excès et portées à l'ébullition, laissent séparer à la surface une matière résineuse qui s'agglomère en grumeaux noirs. Lorsqu'on les recueille sur un filtre ils présentent, après lavage et dessiccation, une matière légère, friable, de couleur jaune brunâtre qui, examinée de plus près, se trouve être un mélange d'une résine boursouflée jaune et d'une matière pulvérulente brune, laquelle donne avec l'ammoniaque une solution jaune brunâtre ou orangée.

Cette résine, calcinée dans un tube, produit des vapeurs empyreumatiques jaunes ne renfermant pas trace d'alizarine et qui se colorent en jaune plus foncé par l'ammoniaque. Ces essais démontrent qu'en décomposant la laque calcaire violette à l'ébullition par l'acide chlorhydrique, il ne reste plus ni alizarine ni purpurine dans les eaux mères acides.

La laque plombique de couleur rouge jaunâtre, après avoir été recueillie sur un filtre et lavée à plusieurs reprises, se présente sous forme d'une matière pulvérulente ou floconneuse, dont la nuance peut être plus ou moins vive et qui devient plus claire en se desséchant.

Pour en extraire la matière colorante il est bon de la conserver à l'état de pâte ; à cet effet, on la décompose à chaud par de l'acide sulfurique en très-léger excès. Il est facile d'atteindre ce point en observant le moment où la coloration rouge cesse de disparaître en introduisant la laque plombique dans la liqueur. Quelques gouttes d'acide sulfurique étendu ajoutées alors au mélange détruisent la coloration et saturent tout l'oxyde de plomb de la laque. En faisant bouillir, l'ébullition, très-facile et sans soubresauts, malgré le dépôt de sulfate de plomb, fit soupçonner le dégagement d'un gaz permanent.

En effet, en faisant passer la vapeur d'eau à travers de l'eau de chaux, il s'y forme un précipité assez abondant de carbonate de chaux.

Après refroidissement de la liqueur, on filtre ; le sulfate de plomb sur le filtre est presque blanc et le liquide filtré d'une couleur jaune foncé.

En l'évaporant au bain-marie, il s'y forma un dépôt cristallin, incolore, qui n'était que du sulfate de chaux en paillettes mélangées d'une très-petite quantité d'une matière brune jaunâtre, avec une nuance verdâtre, qui fut reconnue par ses réactions, par la sublimation et par des essais de teinture, pour être de l'alizarine.

Par une évaporation plus forte, le liquide, devenu sirupeux et d'une couleur brun foncé, prit une consistance gélatineuse ; abandonné pendant plusieurs semaines il s'y forma des cristaux, parmi lesquels il y en avait ayant l'apparence d'octaèdres. Ces cristaux étaient presque incolores et ne renfermaient point de matières colorantes.

Le sirop, délayé dans l'eau et exactement neutralisé par un peu de craie, ne teignait point la toile mordancée et renfermait surtout des matières gommeuses et pectineuses, ainsi qu'une matière colorante fauve.

Incinéré, il laisse une cendre très-abondante renfermant quelques sels alcalins et terreux à l'état de sulfates et de carbonates.

Le résidu de garance lavé à l'eau, exprimé et séché, est d'une couleur brun pâle. Toute la matière colorante rouge que les traitements précédents y ont laissé y est dans un état de pureté favorable à la teinture. Aussi les toiles mordancées s'y teignent-elles avec des nuances pures, et les blancs ne sont presque pas salis.

Ordinairement ce résidu présente encore à la teinture une légère réaction acide, qui est démontrée par le fait que les mordants violets sont, comme on dit, mangés; l'addition d'un peu de craie ou d'alcali dans le bain de teinture obvie à cet inconvénient et donne en même temps plus de solidité aux couleurs.

Ce résidu constitue donc une fleur de garance faible. On peut facilement le convertir en garancine faible, et cela pour ainsi dire sans dépense, en le faisant bouillir avec les eaux mères de l'alizarine verte, laissant refroidir, lavant, exprimant, desséchant et faisant moudre avec addition d'un peu de craie et de carbonate alcalin, exactement comme cela se pratique dans la fabrication de la garancine.

VI. *Modification du traitement pour éviter la formation d'alizarine verte et pour l'obtenir à l'état jaune.*

Il est très-facile de modifier le traitement de la garance par l'acide sulfureux, de manière à obtenir toute l'alizarine à l'état jaune et débarrassée de la matière résineuse verte, qui pourrait gêner dans certaines applications. On n'a qu'à opérer de la manière suivante :

Les liqueurs sulfureuses provenant de l'extraction de la garance par l'eau chargée d'acide sulfureux sont additionnées à froid avec 3 % d'acide chlorhydrique, et on chauffe à 40—50° pour précipiter la purpurine.

Après refroidissement complet, on laisse déposer la purpurine; on décante les liqueurs claires et on jette le reste sur un filtre, où se rassemble la purpurine qu'on lave avec un peu d'eau froide, jusqu'à ce que l'eau de lavage ne soit plus guère acide.

Les eaux mères limpides et d'un jaune orangé foncé étant toutes réunies, on y ajoute un lait de chaux, en remuant constamment jusqu'à ce que le liquide présente une légère réaction alcaline. On porte alors le tout à l'ébullition.

On obtient ainsi un précipité très-abondant d'alizarate calcique violet foncé, qu'on décompose encore humide et à l'aide de l'ébullition par de l'acide chlorhydrique en excès, si toutefois on ne préfère l'employer pour des doubles décompositions.

Pour ce dernier usage, l'emploi de l'alizarate calcique, précipité à froid, semble présenter quelques avantages sur la même laque calcaire préparée au moyen de liqueurs bouillantes.

L'alizarine obtenue par la réaction de l'acide chlorhydrique est d'une couleur jaune-brun foncé, se dépose facilement et peut être lavée par décantation.

Rassemblée sur un filtre, lavée et séchée, elle constitue une matière jaune facile à pulvériser. Sèche ou humide, elle teint les toiles mordancées avec la plus grande facilité et en nuances très-vives. Les violets surtout se distinguent par leur éclat, lorsqu'on a eu soin de neutraliser le bain par de la craie et une petite quantité de carbonate alcalin.

La matière sèche, chauffée dans un tube ou dans une capsule, fournit sans difficulté un abondant et brillant sublimé d'alizarine en aiguilles cristallines.

Les eaux mères acides, dans lesquelles l'alizarine jaune-brun foncé s'était déposée, sont encore colorées en rouge-orange ; mais la matière colorante qu'on en isole par les procédés connus ne teint presque plus les mordants et est sans doute identique avec la matière colorante jaune de la garance.

Les eaux mères alcalines de l'alizarate calcique sont colorées en orangé brunâtre.

L'addition d'acide chlorhydrique y détermine un léger trouble, et la liqueur s'éclaircit.

En la portant à l'ébullition, il se dégage du gaz carbonique, et il y a formation de la matière verte noirâtre, insoluble, qui est le produit de la décomposition de la chlorogénine.

En filtrant, cette matière reste sur le filtre ; lavée et séchée, elle constitue une poudre légère, d'un noir un peu verdâtre. Calcinée dans un tube ou dans une petite cornue, elle fournit des vapeurs jaune-orange très-abondantes, qui se condensent en un liquide brun épais ou en gouttelettes fines d'un jaune-orange.

Par l'ammoniaque, il y a coloration rougeâtre de la matière distillée, mais on remarque que celle-ci est peu soluble dans l'alcali volatil. En ajoutant de l'eau bouillante, la matière sublimée s'y dissout à peine, même sous l'influence d'un excès d'ammoniaque, et elle ne jouit point de propriétés tinctoriales. La matière pulvérulente noire, chauffée avec de l'acide nitrique, s'attaque facilement et devient d'un brun cannelle, tandis que la liqueur prend une teinte jaune clair, qui vire au rougeâtre par l'ammoniaque. Le précipité brun cannelle, filtré et lavé, traité ensuite par de l'eau ammoniacale chaude, se dissout avec une couleur rouge-brun jaunâtre très-intense. Dans cette liqueur, l'alun détermine un précipité d'un brun sale, et la liqueur surnageante devient incolore.

Une portion des eaux mères alcalines de l'alizarate calcique fut évaporée au bain-marie à l'état de liquide sirupeux d'une couleur jaune brunâtre.

Après refroidissement, on y ajoute un peu d'acide chlorhydrique ou tartrique, et on imprime le mélange sur calicot.

Par la dessiccation à la température ordinaire, l'impression forma des dessins jaunes.

En vaporisant, ceux-ci devinrent vert-noir, par suite de la réaction des acides sur la chlorogénine renfermée dans le liquide sirupeux jaune.

On peut laver la toile sans faire disparaître la coloration verte, que nous n'avons jamais obtenue que terne et avec une nuance noirâtre.

Sous l'influence des alcalis ou du savonnage à chaud, la couleur devient plus brune; au contraire, les acides la rendent plus verte.

A l'acide chlorhydrique on peut substituer dans cette expérience tout autre acide énergique, tels que : acides arsénique, sulfurique, phosphorique, oxalique, etc.

Du reste, les eaux mères de l'alizarate calcique précipité à chaud et dans les liqueurs bouillantes ne renferment plus d'autre matière colorante utilisable. Comme elles contiennent presque tout le sucre de la garance, on leur fait subir la fermentation alcoolique et on les distille pour en retirer l'alcool.

Cette opération ne présente aucune difficulté, puisqu'on opère avec les liquides limpides et ne renfermant point ou seulement peu de matières en suspension.

La suite du traitement de la garance est la même que celle déjà décrite.

Nons indiquerons ici un petit tour de main dont on peut faire usage avec avantage lorsqu'il s'agit d'obtenir de l'alizarine sublimée, au moyen d'alizarine verte ou jaune, préparée dans les opérations indiquées plus haut.

On opère de la manière suivante :

On prépare un empois d'amidon peu épais, dans lequel on dissout une certaine quantité de sel ammoniac. On laisse refroidir et on incorpore dans l'empois froid autant de poudre d'alizarine verte ou jaune que la masse peut en absorber, tout en restant encore un peu plastique. L'addition d'une petite quantité de sable fin paraît également assez avantageuse. Avec la masse ainsi préparée, on façonne des plaques de quelques millimètres d'épaisseur, qu'on laisse parfaitement sécher d'abord à l'air et ensuite à l'étuve.

Il faut empêcher qu'elles ne se déforment, en les aplatissant de temps à autre pendant qu'elles se dessèchent. On les place ensuite sur une plaque de cuivre mince, dont les bords sont relevés de 1 à 2 centimètres, de manière à former une espèce de vase plat, carré ou rectangulaire. On peut aussi faire usage de tôle de fer un peu forte.

Sur le fond de ce vase métallique, on étale bien exactement les plaques; on recouvre le tout d'une feuille de carton mince, et on chauffe par en dessous en élevant la température très-graduellement. Les plaques se recouvrent ainsi d'une magnifique sublimation d'alizarine en aiguilles, qu'on peut enlever après refroidisement complet, sans entraîner pour ainsi dire la moindre parcelle des plaques carbonisées.

Les aiguilles cristallines, lavées ensuite avec un peu d'eau froide et séchées à l'air, sont de l'alizarine presque chimiquement pure.

Le mode de traitement de la garance d'Alsace, que nous venons de décrire, nous paraît surtout avantageux sous ce rapport, que le fabricant de garancine ou de fleur de garance peut isoler préalablement et presque sans frais des matières colorantes d'une grande pureté et pouvant recevoir d'utiles applications, et qu'ensuite la fabrication peut se continuer à la manière ordinaire.

La fleur de garance et la garancine seront à la vérité moins riches en matière colorante, mais elles n'en pourront pas moins être employées comme les produits similaires plus riches, et certainement leur manque de richesse en matière tinctoriale sera plus que compensé par les applications utiles dont la purpurine, les alizarines vertes et jaunes sont susceptibles.

Nous terminons cette première partie de nos recherches sur la garance d'Alsace en indiquant les proportions des différents produits obtenus avec la garance ayant servi de matière première à nos expériences.

100 grammes de garance d'Alsace, traitée avec toutes les précautions et tous les soins qu'on met à une analyse et où toutes les pertes ont été évitées, ont fourni :

1^{gr},85 de purpurine séchée à 40°.
3^{gr},15 d'alizarine verte séchée à 40°.
0^{gr},30 d'alizarine jaune séchée à 40°.
42 grammes de résidu lavé à l'eau, séché à 50°.
35 grammes de ce même résidu converti en garancine et séché à 100°.

Or la force tinctoriale de ces produits pouvait être évaluée (à la vérité seulement d'une manière approximative) de la manière suivante :

La purpurine à 10 fois le poids de la garance; l'alizarine verte et jaune à 32—36 fois le poids de la garance; la fleur de garance faible à un peu plus de la moitié, et la garancine à environ les 2/3 du poids de la garance.

Le rendement serait donc, d'après cela :

1^{gr},85 de purpurine valent 18^{gr},50 de garance.
3^{gr},45 d'alizarine   — 110^{gr},40   —
42 fleur de garance — 21^{gr},00   —
                                  149^{gr},90 de garance.

Il en résulte que ce mode de traitement de la garance d'Alsace produirait un avantage de près de 50 % sur l'emploi de la garance en nature, ou bien que cette dernière ne représente à la teinture que les 2/3 des produits qu'on peut en retirer. Des expériences faites sur une assez grande échelle, mais avec des appareils neufs ayant pu absorber une certaine quantité de produits dans les pores du bois des cuves et des toiles servant comme filtres, ont fourni :

1,15 % purpurine desséchée à 100°.
2,50 % alizarine verte desséchée à 100°.
0,32 % alizarine jaune desséchée à 100°.
39 % fleur de garance faible desséchée à 100°.

Dans la seconde partie de nos recherches, nous examinerons les propriétés chimiques et la composition des substances que ce mode de traitement permet d'isoler de la garance d'Alsace.

Paris, Imprimerie de PILLET fils aîné, 5, rue des Grands-Augustins.